ОБУЧЕНИЕ РАДИКАЛЬНЫХ ЛИДЕРОВ

Пособие участника

T4T Press Обучение радикальных лидеров.Руководство для обучения лидеров в малых группах и домашних церквах вести движения по насаждению церквей. Дэниел Б. Ланкастер, д-р

Издательство: T4T Press

1-е изд.: 2013.

ISBN 978-1-938920-77-6 printed

Цитаты из Писания приведены по русскому Синодальному переводу Библии.

Содержание

Уроки

Ресурсы

1

Приветствие

Тренеры и лидеры представляются друг другу на первом уроке. Затем лидеры узнают о разнице между греческим и еврейским методами обучения. Иисус использовал оба этих метода, и мы должны делать то же. Еврейский метод является наиболее полезным для обучения лидеров и одним из наиболее часто используемых в «Обучении радикальных лидеров».

Цель урока состоит в том, чтобы лидеры поняли стратегию Иисуса по достижению мира. Пять частей стратегии Иисуса включают в себя: «Будьте сильными в Господе», «Делитесь Евангелием», «Делайте учеников», «Начинайте группы, которые становятся церквами» и «Обучайте лидеров». Лидеры повторяют уроки из руководства «Следуя за Иисусом. Часть 1 – Делая радикальных учеников», которые снаряжают верующих, чтобы они преуспевали в каждой части стратегии Иисуса. Лидеры также тренируются в передаче другим видения стратегии «Следуя за Иисусом». Занятие заканчивается наставлением следовать за Иисусом и повиноваться Его заповедям каждый день.

Хвала

Начало

Представление тренеров

Представление лидеров

Как Иисус обучал лидеров?

План

Кто созидает Церковь?

> –Ев. от Матфея 16:18–
> Я говорю тебе: ты – Петр (что означает «камень»), и на сем камне Я создам Церковь Мою, и врата ада не одолеют ее.

Почему это так важно, – кто созидает Церковь?

–Псалом 126:1–
Если Господь не созиждет дома, напрасно трудятся строящие его; если Господь не охранит города, напрасно бодрствует страж.

Как Иисус созидает Его Церковь?

1. _____

–Ев. от Луки 2:52–
Иисус же преуспевал в премудрости и возрасте и в любви у Бога и человеков.

–Ев. от Луки 4:14–
(После Своего искушения) И возвратился Иисус в силе духа в Галилею; и разнеслась молва о Нем по всей окрестной стране.

✋ Поднимите руки и станьте в позе силача.

2. _____

–Ев. от Марка 1:14,15–
После же того, как предан был Иоанн, пришел Иисус в Галилею, проповедуя Евангелие Царствия Божия и говоря, что исполнилось

ВРЕМЯ И ПРИБЛИЗИЛОСЬ ЦАРСТВИЕ БОЖИЕ:
ПОКАЙТЕСЬ И ВЕРУЙТЕ В ЕВАНГЕЛИЕ.

🖐 Сделайте вашей правой рукой движение, как будто
вы разбрасываете семена.

3. _____

–Ев. от Матфея 4:19–
...и говорит им: идите за Мною, и Я сделаю вас
ловцами человеков.

🖐 Положите руки на сердце, а затем возденьте их
в поклонении. Положите руки на пояс, затем
поднимите в классической молитвенной позе.
Укажите руками на ум, затем опустите глаза, как
будто вы читаете книгу. Держите руки в позе силача,
затем сделайте вид, как будто вы раскидываете
семена.

4. _____

–Ев. от Матфея 16:18–
...и Я говорю тебе: ты - Петр, и на сем камне Я
создам Церковь Мою, и врата ада не одолеют ее.

🖐 Сделайте руками «собирательное» движение, как
будто вы приглашаете людей собраться вокруг вас.

5. _____

–Ев. от Матфея 10:5-8–
Сих двенадцать послал Иисус, и заповедал им, говоря: на путь к язычникам не ходите, и в город Самарянский не входите; а идите наипаче к погибшим овцам дома Израилева; ходя же, проповедуйте, что приблизилось Царство Небесное; больных исцеляйте, прокаженных очищайте, мертвых воскрешайте, бесов изгоняйте; даром получили, даром давайте.

🖐 Встаньте по стойке «смирно» и отдайте честь, как солдат.

Стих для заучивания наизусть

–1 Послание к Коринфянам 11:1–
Будьте подражателями мне, как я Христу.

ПРАКТИКА

ОКОНЧАНИЕ

ИИСУС СКАЗАЛ «ИДИТЕ ЗА МНОЙ»

–Ев. от Матфея 9:9–
Проходя оттуда, Иисус увидел человека, сидящего у сбора пошлин, по имени Матфея, и говорит ему: следуй за Мною. И он встал и последовал за Ним.

2

Обучайте подобно Иисусу

Нужда в больше количестве лидеров является общей проблемой в растущих церквах и группах. Усилия по обучению лидеров зачастую терпят неудачу из-за того, что мы не видим простого процесса, который нужно осуществлять. Цель этого урока – объяснить, как обучал лидеров Иисус, чтобы мы могли подражать Ему.

Иисус обучал лидеров, расспрашивая их о прогрессе, которого они добились в своей миссии, и обсуждая любые проблемы, с которыми эти лидеры столкнулись. Также он молился за них и помогал им составлять планы на дальнейшую миссию. Важной частью их обучения было тренировка навыков, которые понадобились бы им в их будущем служении. В Уроке 2 лидеры применяют этот процесс обучения лидеров к своей группе наряду со стратегией Иисуса по достижению мира. Наконец, лидеры развивают «дерево обучения», которое помогает координировать обучение и молитву для лидеров, которых они обучают.

ХВАЛА

ПРОГРЕСС

ПРОБЛЕМА

ПЛАН

Повторение

Приветствие
Кто созидает Церковь?
Почему это так важно?
Как Иисус созидает Его Церковь?

–1 Послание к Коринфянам 11:1–Будьте подражателями мне, как я Христу.

Как обучал лидеров Иисус?

–Ев. от Луки 10:17–
СЕМЬДЕСЯТ [УЧЕНИКОВ] ВОЗВРАТИЛИСЬ С РАДОСТЬЮ И ГОВОРИЛИ: ГОСПОДИ! И БЕСЫ ПОВИНУЮТСЯ НАМ О ИМЕНИ ТВОЕМ.

1. _____

✋ Поднимите руки, вращая ими одна вокруг другой.

–Ев. от Матфея 17:19–
Тогда ученики, приступив к Иисусу наедине,
сказали: почему мы не могли изгнать его?

2. _____

✋ Поместите руки на голову и притворитесь, как будто
вы вырываете волосы.

–Ев. от Луки 10:1–
После сего избрал Господь и других семьдесят
[учеников], и послал их по два пред лицем
Своим во всякий город и место, куда Сам хотел
идти.

3. _____

✋ Выставите свою левую руку, как бумагу, и «пишите»
на ней правой рукой.

–Ев. от Иоанна 4:1,2–
Когда же узнал Иисус о [дошедшем до]
фарисеев слухе, что Он более приобретает

учеников и крестит, нежели Иоанн, - хотя Сам Иисус не крестил, а ученики Его…

4. _____

✋ Поднимайте и опускайте руки, как будто вы поднимаете штангу.

–Ев. от Луки 22:31,32–
И сказал Господь: Симон! Симон! се, сатана просил, чтобы сеять вас как пшеницу, но Я молился о тебе, чтобы не оскудела вера твоя; и ты некогда, обратившись, утверди братьев твоих.

5. _____

✋ Сложите руки перед лицом в классической «молитвенной позе».

Стих для заучивания наизусть

–Ев. от Луки 6:40–
Ученик не бывает выше своего учителя; но, и усовершенствовавшись, будет всякий, как учитель его.

Практика

Окончание

Дерево обучения

3

Вести, как Иисус

Иисус Христос был величайшим лидером всех времен. Ни один человек не оказывал влияние на большее количество людей чаще, чем Он. Урок 3 представляет 7 качеств отличного лидера, основываясь на лидерском стиле Иисуса. Затем лидеры размышляют над сильными и слабыми сторонами своего собственного опыта лидерства. Созидающая команду игра завершает занятие, демонстрируя силу «разделенного лидерства».

Все переживает подъем или упадок в зависимости от сердца лидера, поэтому мы смотрим на то, как вел учеников Иисус, чтобы мы могли подражать Ему. Иисус возлюбил их до конца, понимал Свою миссию, знал проблемы группы, давал Своим последователям пример для подражания, конфронтировал с добротой и знал, что Бог благословлял Его послушание. Все проистекает из нашего сердца. Следовательно, как лидеры мы должны начинать именно с отношения нашего сердца.

Хвала

Прогресс

Проблема

План

Повторение

Приветствие

Кто созидает Церковь?

Почему это так важно?

Как Иисус созидает Его Церковь?

—1 Послание к Коринфянам 11:1–Будьте подражателями мне, как я Христу.

Обучайте, как Иисус

Как обучал лидеров Иисус?

—Ев. от Луки 6:40–Ученик не бывает выше своего учителя; но, и усовершенствовавшись, будет всякий, как учитель его.

Кто, по словам Иисуса, является величайшим лидером?

–Ев. от Матфея 20:25-28–

Иисус же, подозвав их, сказал: вы знаете, что князья народов господствуют над ними, и вельможи властвуют ими; но между вами да не будет так: а кто хочет между вами быть большим, да будет вам слугою; и кто хочет между вами быть первым, да будет вам рабом; так как Сын Человеческий не [для того] пришел, чтобы Ему служили, но чтобы послужить и отдать душу Свою для искупления многих.

Отдайте честь, как солдат, затем сложите руки вместе и поклонитесь, как слуга.

Каковы семь качеств выдающегося лидера?

–Ев. от Иоанна 13:1-17–

[1]Перед праздником Пасхи Иисус, зная, что пришел час Его перейти от мира сего к Отцу, [явил делом, что], возлюбив Своих сущих в мире, до конца возлюбил их.

[2]И во время вечери, когда диавол уже вложил в сердце Иуде Симонову Искариоту предать Его,

[3]Иисус, зная, что Отец все отдал в руки Его, и что Он от Бога исшел и к Богу отходит,

[4]встал с вечери, снял [с Себя верхнюю] одежду и, взяв полотенце, препоясался.

⁵Потом влил воды в умывальницу и начал умывать ноги ученикам и отирать полотенцем, которым был препоясан.

⁶Подходит к Симону Петру, и тот говорит Ему: Господи! Тебе ли умывать мои ноги?

⁷Иисус сказал ему в ответ: что Я делаю, теперь ты не знаешь, а уразумеешь после.

⁸Петр говорит Ему: не умоешь ног моих вовек. Иисус отвечал ему: если не умою тебя, не имеешь части со Мною.

⁹Симон Петр говорит Ему: Господи! не только ноги мои, но и руки и голову.

¹⁰Иисус говорит ему: омытому нужно только ноги умыть, потому что чист весь; и вы чисты, но не все.

¹¹Ибо знал Он предателя Своего, потому [и] сказал: не все вы чисты.

¹²Когда же умыл им ноги и надел одежду Свою, то, возлегши опять, сказал им: знаете ли, что Я сделал вам?

¹³Вы называете Меня Учителем и Господом, и правильно говорите, ибо Я точно то.

¹⁴Итак, если Я, Господь и Учитель, умыл ноги вам, то и вы должны умывать ноги друг другу.

¹⁵Ибо Я дал вам пример, чтобы и вы делали то же, что Я сделал вам.

¹⁶Истинно, истинно говорю вам: раб не больше господина своего, и посланник не больше пославшего его.

¹⁷Если это знаете, блаженны вы, когда исполняете.

1. _____

👋 Похлопайте рукой по груди.

2. _____

👋 Отдайте честь, как солдат, и утвердительно кивните головой.

3. _____

👋 Сложите руки в классическое молитвенное положение.

4. _____

👋 Изобразите сердце указательными и большими пальцами обеих рук.

5. _____

👋 Обхватите руками голову, как будто у вас головная боль.

6. _____

✋ Укажите на небеса и утвердительно качните головой.

7. _____

✋ Поднимите руки в хвале к небесам.

Стих Для Заучивания Наизусть

–Ев. от Иоанна 13:14,15–
Итак, если Я, Господь и Учитель, умыл ноги вам, то и вы должны умывать ноги друг другу. Ибо Я дал вам пример, чтобы и вы делали то же, что Я сделал вам.

Практика

«Теперь мы будем использовать тот же процесс обучения, который использовал Иисус, чтобы тренировать то, что мы узнали на этом уроке лидерства».

Окончание

Чинлон

4

Возрастайте в силе

Лидеры, которых вы обучаете, ведут группы и узнают, насколько трудно бывает вести других. Лидеры сталкиваются со значительным духовным воинствованием извне группы и личными трудностями внутри ее. Ключ к эффективному лидерству заключается в идентификации различных типов личности и определению, как эффективно работать с ними как с командой. Урок «Возрастайте в силе» предоставляет лидерам простой способ помогать людям обнаруживать их тип личности. Когда мы понимаем, как Бог нас сотворил, у нас есть мощные ключи к тому, как мы можем возрастать в силе в Нем.

Вот восемь типов личности: Воин, Искатель, Пастух, Сеятель, Сын\Дочь, Святой, Слуга и Управитель. После того, как тренеры определили их тип, они обсуждают сильные и слабые стороны каждого типа. Многие люди полагают, что Бог любит тот тип личности, который наиболее ценят в их культуре. Другие лидеры верят, что способность к лидерству зависит от типа личности. Это ограничивающие убеждения просто ошибочны. Занятие заканчивается утверждением, что лидеры должны обращаться с людьми как с личностями. Обучение лидерству должно быть не стандартным, но адресованным личным нуждам.

Хвала

Прогресс

Проблема

План

Повторение

Приветствие
Кто созидает Церковь?
Почему это так важно?
Как Иисус созидает Его Церковь?

–1 Послание к Коринфянам 11:1–Будьте подражателями мне, как я Христу.

Обучайте, как Иисус
Как обучал лидеров Иисус?

–Ев. от Луки 6:40–Ученик не бывает выше своего учителя; но, и усовершенствовавшись, будет всякий, как учитель его.

Ведите, как Иисус

Кто, по словам Иисуса, является величайшим лидером? ✋

Каковы семь качеств выдающегося лидера?

—Ев. от Иоанна 13:14,15—Итак, если Я, Господь и Учитель, умыл ноги вам, то и вы должны умывать ноги друг другу. Ибо Я дал вам пример, чтобы и вы делали то же, что Я сделал вам.

Какой тип личности Бог дал вам?

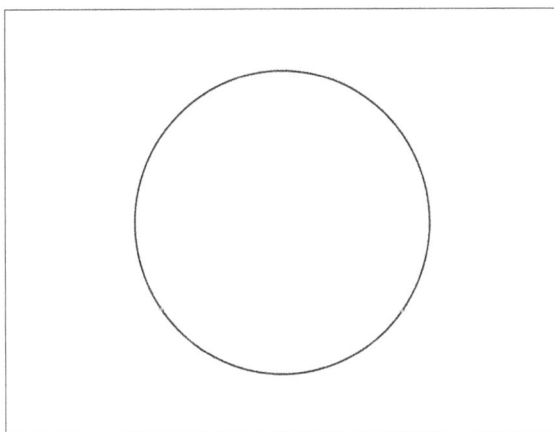

Какой тип личности Бог любит больше всего?

_____

Из какого типа личности получаются лучшие лидеры?

_____

Стих для заучивания наизусть

–Послание к Римлянам 12:4,5–
Ибо, как в одном теле у нас много членов, но не у всех членов одно и то же дело, 5 так мы, многие, составляем одно тело во Христе, а порознь один для другого члены.

Практика

Окончание

Американский чизбургер ✑

5

Вместе сильнее

На последнем уроке лидеры обнаружили, какой у них тип личности. «Вместе сильнее» показывает лидерам, как их тип личности взаимодействует с другими типами. Почему у людей в мире восемь типов личности? Некоторые говорят, что в Ноевом ковчеге было восемь человек, а другие говорят, что Бог создал тип личности для каждого деления компаса – севера, северо-востока, востока и т.д. Мы можем с легкостью объяснить причину. В мире восемь различных типов личности потому, что Бог сотворил людей по Своему образу. Если вы хотите увидеть, как выглядит Бог, Библия говорит, что нам нужно посмотреть на Иисуса. Восемь базовых типов личности в мире отражают восемь образов Иисуса.

Иисус подобен Воину – главнокомандующему Божьей армии. Он подобен Искателю – ищет и спасает погибающих. Он подобен Пастуху – дает Его последователям еду, воду и прочее. Иисус подобен Сеятелю – сеет Божье Слово в наши жизни. Он – Сын: Бог назвал Его возлюбленным и повелел нам слушаться Его. Иисус – Спаситель, и Он призывает нас как святых представлять Его в мире. Он – Слуга: послушен Отцу, даже до смерти. Наконец, Иисус – Управитель: многие притчи посвящены управлению временем, деньгами и людьми.

Каждый лидер несет ответственность за то, чтобы помогать людям вместе работать. Между разными типами личности неизбежно возникает конфликт, потому что они смотрят на мир по-разному. Два наиболее обычных способа, как люди обращаются с конфликтом, – это либо избегают друг друга, либо друг с другом сражаются. Третий способ разобраться с конфликтом по водительству Святого Духа – это найти решения, которые уважают и поддерживают каждый тип личности. Занятие заканчивается конкурсом постановок, демонстрирующих эту истину шутливым образом. Диаграмма «Восемь образов Христа» помогает нам понять, как лучше любить других людей. Это труд всех последователей Христа.

ХВАЛА

ПРОГРЕСС

ПРОБЛЕМА

ПЛАН

Повторение

Приветствие

Кто созидает Церковь?

Почему это так важно?

Как Иисус созидает Его Церковь?

–1 Послание к Коринфянам 11:1–Будьте подражателями мне, как я Христу.

Обучайте, как Иисус

Как обучал лидеров Иисус?

–Ев. от Луки 6:40–Ученик не бывает выше своего учителя; но, и усовершенствовавшись, будет всякий, как учитель его.

Ведите, как Иисус

Кто, по словам Иисуса, является величайшим лидером?

Каковы семь качеств выдающегося лидера?

–Ев. от Иоанна 13:14,15–Итак, если Я, Господь и Учитель, умыл ноги вам, то и вы должны умывать ноги друг другу. Ибо Я дал вам пример, чтобы и вы делали то же, что Я сделал вам.

Возрастайте в силе

Какой тип личности Бог дал вам?

Какой тип личности нравится Богу больше всего?

Из какого типа личности получаются лучшие лидеры?

–Послание к Римлянам 12:4-5–Ибо, как в одном теле у нас много членов, но не у всех членов одно и то же дело, так мы, многие, составляем одно тело во Христе, а порознь один для другого члены.

Почему в мире существует восемь типов людей?

–Бытие 1:26–
И сказал Бог: сотворим человека по образу Нашему по подобию Нашему...

–Колоссянам 1:15–
Который есть образ Бога невидимого, рожденный прежде всякой твари.

Иисус, какой Он?

1. _____

–Ев. от Матфея 26:53–
... или думаешь, что Я не могу теперь умолить Отца Моего, и Он представит Мне более, нежели двенадцать легионов Ангелов?

✋ Поднимите меч.

2. _____

–Ев. от Луки 19:10–
...ибо Сын Человеческий пришел взыскать и спасти погибшее.

🖐 Посмотрите назад, затем вперед, сделав руку
козырьком.

3. _____

–Ев. от Иоанна 10:11–
Я есмь пастырь добрый: пастырь добрый
полагает жизнь свою за овец.

🖐 Сделайте руками собирательные движения.

4. _____

–Ев. от Матфея 13:37–
Он же сказал им в ответ: сеющий доброе семя
есть Сын Человеческий…

🖐 Разбрасывайте руками семена.

5. _____

–Ев. от Луки 9:35–
И был из облака глас, глаголющий: Сей есть
Сын Мой Возлюбленный, Его слушайте.

🖐 Подносите руки ко рту, как будто вы едите.

6. _____

–Ев. от Марка 8:31–
И начал учить их, что Сыну Человеческому много должно пострадать, быть отвержену старейшинами, первосвященниками и книжниками, и быть убиту, и в третий день воскреснуть.

🖐 Сложите руки в классической позе «молящихся рук».

7. _____

–Ев. от Иоанна 13:14,15–
Итак, если Я, Господь и Учитель, умыл ноги вам, то и вы должны умывать ноги друг другу. Ибо Я дал вам пример, чтобы и вы делали то же, что Я сделал вам.

🖐 Бейте молотком.

8. _____

–Ев. от Луки 6:38–
...Давайте, и дастся вам: мерою доброю, утрясенною, нагнетенною и переполненною отсыплют вам в лоно ваше; ибо, какою мерою мерите, такою же отмерится и вам.

🖐 Перекладывайте деньги из нагрудного кармана в кошелек.

Какие три варианта есть у нас при конфликте с другими людьми?

1. _____

    ✋ Держите кулаки вместе. Разведите их в стороны и спрячьте за спину.

2. _____

    ✋ Возьмите кулаки и столкните их друг с другом.

3. _____

    ✋ Держите кулаки вместе, затем разожмите их и переплетите пальцы, двигайте руками вверх и вниз, как будто они работают вместе.

Стих для запоминания наизусть

–ПОСЛАНИЕ К ГАЛАТАМ 2:20–

...и уже не я живу, но живет во мне Христос. А что ныне живу во плоти, то живу верою в Сына Божия, возлюбившего меня и предавшего Себя за меня.

Практика

Конкурс постановок ❧

Обычный вопрос

Какая разница между восемью образами Христа и духовными дарами?

6

Делитесь Евангелием.

Как могут люди поверить, если они никогда не слышали Евангелие? К сожалению, последователи Иисуса не всегда делятся Евангелием, чтобы люди могли поверить. Одна из причин этого заключается в том, что они никогда не учились делиться Евангелием. Другая причина состоит в том, что они увязают в своей ежедневной рутине и забывают делиться. В уроке «Делитесь Евангелием» лидеры узнают, как сделать «евангельский браслет», чтобы делиться с друзьями и семьей. Браслет напоминает нам делиться с другими и являет хорошей отправной точкой для разговора. Цвета браслета напоминают нам, как делиться Евангелием с людьми, ищущими Бога.

Евангельский браслет показывает, как мы оставляем Божью семью. В начале был Бог – золотая бусина. Святой Дух сотворил совершенный мир с небесами и морями (синяя бусина). Он сотворил человека и поместил его в прекрасном саду (зеленая бусина). Первые мужчина и женщина ослушались Бога и принесли грех и страдания в мир (черная бусина). Бог послал Своего единственного Сына в мир, и Он прожил совершенной жизнью (белая бусина). Иисус заплатил за наши грехи, умерев на кресте (красная бусина).

Евангельский браслет показывает нам, как мы можем вернуться в Божью семью, когда мы идем в обратном порядке. Бог сказал, что всякий, кто верит, что Иисус умер на кресте за него (красная бусина), и что Иисус является Божьим Сыном (белая бусина), получает прощение грехов (черная бусина). Бог принимает нас назад в Его семью, и мы становимся больше похожими на Иисуса (зеленая бусина). Бог дает нам Святой Дух (синяя бусина) и обещает, что мы будем с ним в небесах, когда мы умрем, где улицы сделаны из золота (золотая бусина).

Урок заканчивается демонстрацией того, что Иисус – единственный путь к Богу. Никто не является достаточно умным, достаточно хорошим, достаточно сильным или достаточно любящим, чтобы самому добраться до Бога. Иисус – единственный путь, по которому люди могут вернуться к Богу. Следование за Иисусом – единственная истина, которая освободит людей от их грехов. Только Иисус может даровать вечную жизнь благодаря Его смерти на кресте.

Хвала

Прогресс

Проблема

План

Повторение

Приветствие

Кто созидает Церковь?

Почему это так важно?

Как Иисус созидает Его Церковь?

–1 Послание к Коринфянам 11:1–Будьте подражателями мне, как я Христу.

Обучайте, как Иисус

Как обучал лидеров Иисус?

–Ев. от Луки 6:40–Ученик не бывает выше своего учителя; но, и усовершенствовавшись, будет всякий, как учитель его.

Ведите, как Иисус

Кто, по словам Иисуса, является величайшим лидером? ✋

Каковы семь качеств выдающегося лидера?

–Ев. от Иоанна 13:14,15–Итак, если Я, Господь и Учитель, умыл ноги вам, то и вы должны умывать ноги друг другу. Ибо Я дал вам пример, чтобы и вы делали то же, что Я сделал вам.

Возрастайте в силе

Какой тип личности Бог дал вам?

Какой тип личности нравится Богу больше всего?

Из какого типа личности получаются лучшие лидеры?

–Послание к Римлянам 12:4-5–Ибо, как в одном теле у нас много членов, но не у всех членов одно и то же дело, так мы, многие, составляем одно тело во Христе, а порознь один для другого члены.

Сильнее вместе

Почему в мире существует восемь типов людей?

Иисус, какой Он?

Какие три варианта есть у нас, когда возникает конфликт?

–Послание к Галатам 2:19,20–Я сораспялся Христу и уже не я живу, но живет во мне Христос.

Как я могу делиться простой Евангелием?

–Ев. от Луки 24:1-7–

В ПЕРВЫЙ ЖЕ ДЕНЬ НЕДЕЛИ, ОЧЕНЬ РАНО, НЕСЯ ПРИГОТОВЛЕННЫЕ АРОМАТЫ, ПРИШЛИ ОНИ КО ГРОБУ, И ВМЕСТЕ С НИМИ НЕКОТОРЫЕ ДРУГИЕ; НО НАШЛИ КАМЕНЬ ОТВАЛЕННЫМ ОТ ГРОБА. И, ВОЙДЯ, НЕ НАШЛИ ТЕЛА ГОСПОДА ИИСУСА. КОГДА ЖЕ НЕДОУМЕВАЛИ ОНИ О СЕМ, ВДРУГ ПРЕДСТАЛИ ПЕРЕД НИМИ ДВА МУЖА В ОДЕЖДАХ БЛИСТАЮЩИХ. И КОГДА ОНИ БЫЛИ В СТРАХЕ И НАКЛОНИЛИ ЛИЦА [СВОИ] К ЗЕМЛЕ, СКАЗАЛИ ИМ: ЧТО ВЫ ИЩЕТЕ ЖИВОГО МЕЖДУ МЕРТВЫМИ? ЕГО НЕТ ЗДЕСЬ: ОН ВОСКРЕС; ВСПОМНИТЕ, КАК ОН ГОВОРИЛ ВАМ, КОГДА БЫЛ ЕЩЕ В ГАЛИЛЕЕ, СКАЗЫВАЯ, ЧТО СЫНУ ЧЕЛОВЕЧЕСКОМУ НАДЛЕЖИТ БЫТЬ ПРЕДАНУ В РУКИ ЧЕЛОВЕКОВ ГРЕШНИКОВ, И БЫТЬ РАСПЯТУ, И В ТРЕТИЙ ДЕНЬ ВОСКРЕСНУТЬ.

ЗОЛОТАЯ БУСИНА

СИНЯЯ БУСИНА

ЗЕЛЕНАЯ БУСИНА

ЧЕРНАЯ БУСИНА

БЕЛАЯ БУСИНА

КРАСНАЯ БУСИНА

КРАСНАЯ БУСИНА

БЕЛАЯ БУСИНА

ЧЕРНАЯ БУСИНА

ЗЕЛЕНАЯ БУСИНА

СИНЯЯ БУСИНА

ЗОЛОТАЯ БУСИНА

Почему нам нужна помощь Иисуса?

1. _____

–Исайи 55:9–

Но как небо выше земли, так пути Мои выше путей ваших, и мысли Мои выше мыслей ваших.

🖐 Поместите указательные пальцы обеих рук на виски и отрицательно покачайте вашей головой.

2. _____

–Исайи 64:6–

Все мы сделались - как нечистый, и вся праведность наша - как запачканная одежда; и все мы поблекли, как лист, и беззакония наши, как ветер, уносят нас.

🖐 Сделайте вид, как будто вы вынимаете много денег из нагрудного кармана или кошелька и отрицательно покачайте головой.

3. _____

–Послание к Римлянам 7:18–
Ибо знаю, что не живет во мне, то есть в плоти моей, доброе; потому что желание добра есть во мне, но чтобы сделать оное, того не нахожу.

🖐 Поднимите руки в «позу силача» и отрицательно покачайте головой.

4. _____

–Послание к Римлянам 3:23–
…потому что все согрешили и лишены славы Божией…

🖐 Протяните руки, как будто балансируя чаши весов, подвигайте их вверх и вниз и отрицательно покачайте головой.

Стих для запоминания наизусть

–Ев. от Иоанна 14:6–
Иисус сказал ему: Я есмь путь и истина и жизнь; никто не приходит к Отцу, как только через Меня.

ПРАКТИКА

«Теперь мы будем использовать тот же процесс обучения, который использовал Иисус, чтобы попрактиковать то, чему мы научились в этом уроке лидерства».

ЗАКЛЮЧЕНИЕ

Сила обучения тренеров

Мой план Иисуса

7

Делайте
учеников

У хорошего лидера всегда есть хороший план. Иисус дал
ученикам простой, но эффективный план для их служения
в Ев. от Луки, главе 10: подготовьте свое сердце, найдите
человека мира, поделитесь Благой вестью и оцените
результаты. Иисус дал нам хороший план действий.

Начинаем ли мы служение в церкви, новую церковь или
ячеечную группу, шаги в рамках Плана Иисуса помогут
нам избежать ненужных ошибок. Этот урок учит лидеров,
как наставлять друг друга в их личном Плане Иисуса. Они
также начнут готовить презентации своего Плана Иисуса
для группы.

Хвала

Прогресс

Проблема

План

Повторение

Приветствие

Кто созидает Церковь?

Почему это так важно?

Как Иисус созидает Его Церковь?

–1 Послание к Коринфянам 11:1–Будьте подражателями мне, как я Христу.

Обучайте, как Иисус

Как обучал лидеров Иисус?

–Ев. от Луки 6:40–Ученик не бывает выше своего учителя; но, и усовершенствовавшись, будет всякий, как учитель его.

Ведите, как Иисус

Кто, по словам Иисуса, является величайшим лидером? ✋

Каковы семь качеств выдающегося лидера?

–Ев. от Иоанна 13:14,15–Итак, если Я, Господь и Учитель, умыл ноги вам, то и вы должны умывать

ноги друг другу. Ибо Я дал вам пример, чтобы и вы делали то же, что Я сделал вам.

Возрастайте в силе

Какой тип личности Бог дал вам?

Какой тип личности нравится Богу больше всего?

Из какого типа личности получаются лучшие лидеры?

–Послание к Римлянам 12:4-5–Ибо, как в одном теле у нас много членов, но не у всех членов одно и то же дело, так мы, многие, составляем одно тело во Христе, а порознь один для другого члены.

Сильнее вместе

Почему в мире существует восемь типов людей?

Иисус, какой Он?

Какие три варианта есть у нас, когда возникает конфликт?

–Послание к Галатам 2:19,20–Я сораспялся Христу и уже не я живу, но живет во мне Христос.

Делитесь Евангелием

Как я могут делиться простым Евангелием?

Почему мы нуждаемся в помощи от Иисуса?

–Ев. от Иоанна 14:6–Иисус сказал ему: Я есмь путь и истина и жизнь; никто не приходит к Отцу, как только через Меня.

Какой первый шаг в Плане Иисуса?

–Ев. от Луки 10:1-4–

¹После сего избрал Господь и других семьдесят [учеников], и послал их по два пред лицем

Своим во всякий город и место, куда Сам хотел идти,

²и сказал им: жатвы много, а делателей мало; итак, молите Господина жатвы, чтобы выслал делателей на жатву Свою.

³Идите! Я посылаю вас, как агнцев среди волков.

⁴Не берите ни мешка, ни сумы, ни обуви, и никого на дороге не приветствуйте.

❧ Обопрись на меня ❧

🖐 Используйте указательный и средний палец на обеих руках, чтобы «идти» вместе.

ИДИТЕ ТУДА, ГДЕ РАБОТАЕТ ИИСУС (1)

🖐 Положите руку на сердце и отрицательно покачайте головой.

🖐 Сделайте руку козырьком над глазами и высматривайте справа и слева».

🖐 Укажите рукой на место впереди вас и утвердительно покачайте головой.

🖐 Поднимите руки вверх в хвале и затем сложите их на сердце.

МОЛИТЕСЬ О ЛИДЕРАХ ДЛЯ ЖАТВЫ (2)

🖐 Руки подняты в поклонении.

🖐 Руки протянуты ладонями вперед и закрывают лицо, голова повернута в сторону.

🖐 Руки сложены в форме чаши, чтобы принимать.

🖐 Руки сложены в молитвенном положении и помещены ко лбу в жесте уважения.

ИДИТЕ В СМИРЕНИИ (3)

◈ Великий лидер ◈

🖐 Сложите руки в «молитвенную позицию» и поклонитесь.

ПОЛАГАЙТЕСЬ НА БОГА, А НЕ НА ДЕНЬГИ (4)

◈ Деньги, как мед ◈

🖐 Сделайте вид, что достаете деньги из нагрудного кармана и отрицательно покачайте головой, затем укажите на небеса и покачайте головой положительно.

ИДИТЕ ПРЯМО ТУДА, КУДА ОН ПРИЗЫВАЕТ (4)

✺ Хорошие отвлечения ✺

✋ Сложите вместе ладони и пальцы обеих рук, чтобы указать направление.

Стих для заучивания наизусть

–Ев. от Луки 10:2–
…И СКАЗАЛ ИМ: ЖАТВЫ МНОГО, А ДЕЛАТЕЛЕЙ МАЛО; ИТАК, МОЛИТЕ ГОСПОДИНА ЖАТВЫ, ЧТОБЫ ВЫСЛАЛ ДЕЛАТЕЛЕЙ НА ЖАТВУ СВОЮ.

ПРАКТИКА

ОКОНЧАНИЕ

Мой План Иисуса

8

Начинайте группы

Лидеры готовят свои сердца в шаге 1 Плана Иисуса. Урок «Начинайте группы» охватывает шаги 2, 3 и 4. Мы могли бы избежать многих ошибок в служении и миссии, просто следуя принципам плана Иисуса в Ев. от Луки, главе 10. Лидеры применяют эти принципы в конце сессии, когда они заполняют свой личный «План Иисуса».

Шаг 2 касается развития взаимоотношений. Мы присоединяемся к Богу там, где Он работает, и находим влиятельных людей, откликающихся на Евангелие. Мы едим и пьем то, что они дают нам, чтобы продемонстрировать принятие. Мы не переходим от одной дружбы к другой, потому что это дискредитирует послание примирения, которое мы проповедуем.

Мы делимся Благой вестью на шаге 3. Иисус – пастырь, и Он желает защищать и обеспечивать людей. На этом шаге тренеры ободряют лидеров найти способы принесения исцеления во время их служения. Людям все равно, что вы знаете, до тех пор, пока они не познают, что вы заботитесь о них. Исцеление больных открывает двери для того, чтобы делиться Евангелием.

Мы оцениваем результаты и вносим коррективы на шаге 4. Насколько люди восприимчивы? Присутствует ли искренний интерес к духовным вопросам, или другая причина, такая как деньги, вызывает их любопытство? Если люди откликаются, мы остаемся и продолжаем миссию. Если люди не откликаются, Иисус повелел нам оставить это место и начать где-то в другом месте.

Хвала

Прогресс

Проблема

План

Повторение

Приветствие
Кто созидает Церковь?
Почему это так важно?
Как Иисус созидает Его Церковь?

–1 Послание к Коринфянам 11:1–Будьте подражателями мне, как я Христу.

48

Обучайте, как Иисус

Как обучал лидеров Иисус?

–Ев. от Луки 6:40–Ученик не бывает выше своего учителя; но, и усовершенствовавшись, будет всякий, как учитель его.

Ведите, как Иисус

Кто, по словам Иисуса, является величайшим лидером?

Каковы семь качеств выдающегося лидера?

–Ев. от Иоанна 13:14,15–Итак, если Я, Господь и Учитель, умыл ноги вам, то и вы должны умывать ноги друг другу. Ибо Я дал вам пример, чтобы и вы делали то же, что Я сделал вам.

Возрастайте в силе

Какой тип личности Бог дал вам?

Какой тип личности нравится Богу больше всего?

Из какого типа личности получаются лучшие лидеры?

–Послание к Римлянам 12:4-5–Ибо, как в одном теле у нас много членов, но не у всех членов одно и то же дело, так мы, многие, составляем одно тело во Христе, а порознь один для другого члены.

Сильнее вместе

Почему в мире существует восемь типов людей?

Иисус, какой Он?

Какие три варианта есть у нас, когда возникает конфликт?

–Послание к Галатам 2:19,20–Я сораспялся Христу и уже не я живу, но живет во мне Христос.

Делитесь Евангелием

Как я могут делиться простым Евангелием?

Почему мы нуждаемся в помощи от Иисуса?

—Ев. от Иоанна 14:6—Иисус сказал ему: Я есмь путь и истина и жизнь; никто не приходит к Отцу, как только через Меня.

Делайте учеников

Какой первый шаг в Плане Иисуса?

—Ев. от Луки 10:2—...и сказал им: жатвы много, а делателей мало; итак, молите Господина жатвы, чтобы выслал делателей на жатву Свою.

Какой второй шаг в плане Иисуса?

—Ев. от Луки 10:5-8—

⁵В какой дом войдете, сперва говорите: мир дому сему;

⁶и если будет там сын мира, то почиет на нем мир ваш, а если нет, то к вам возвратится.

⁷В доме же том оставайтесь, ешьте и пейте, что у них есть, ибо трудящийся достоин награды за труды свои; не переходите из дома в дом.

⁸И если придете в какой город и примут вас, ешьте, что вам предложат...

НАЙДИТЕ СЫНА МИРА (5, 6)

🖐 Ударьте рукой об руку, как делают это друзья, когда встречаются.

ЕШЬТЕ И ПЕЙТЕ, ЧТО У НИХ ЕСТЬ (7, 8)

🖐 Сделайте вид, что вы едите и пьете. Затем погладьте живот, как будто вам понравилась еда.

НЕ ПЕРЕХОДИТЕ ИЗ ДОМА В ДОМ (7)

🖐 Сделайте обеими руками контур крыши. Передвиньте дом в несколько мест и отрицательно покачайте головой.

❧ Как разозлить деревню ❧

Каким был третий шаг в Плане Иисуса?

–Ев. от Луки 10:9–

...И ИСЦЕЛЯЙТЕ НАХОДЯЩИХСЯ В НЕМ БОЛЬНЫХ, И ГОВОРИТЕ ИМ: ПРИБЛИЗИЛОСЬ К ВАМ ЦАРСТВИЕ БОЖИЕ.

ИСЦЕЛЯЙТЕ БОЛЬНЫХ (9)

🖐 Протяните руки, как будто вы возлагаете их на больного для исцеления.

ДЕЛИТЕСЬ ЕВАНГЕЛИЕМ (9)

🖐 Приложите руки ко рту, как будто вы держите мегафон.

❧ Двукрылая птица ❧

Какой четвертый шаг в Плане Иисуса?

–Ев. от Луки 10:10,11–
ЕСЛИ ЖЕ ПРИДЕТЕ В КАКОЙ ГОРОД И НЕ ПРИМУТ ВАС, ТО, ВЫЙДЯ НА УЛИЦУ, СКАЖИТЕ: И ПРАХ, ПРИЛИПШИЙ К НАМ ОТ ВАШЕГО ГОРОДА, ОТРЯСАЕМ ВАМ; ОДНАКО ЖЕ ЗНАЙТЕ, ЧТО ПРИБЛИЗИЛОСЬ К ВАМ ЦАРСТВИЕ БОЖИЕ.

ОЦЕНИВАЙТЕ, КАК ОНИ РЕАГИРУЮТ (10,11)

🖐 Держите руки ладонями вверх, как чаши весов. Двигайте ими вверх и вниз с вопросительным выражением на лице.

УХОДИТЕ, ЕСЛИ НЕ ПОЛУЧАЕТЕ ОТКЛИКА (11)

✋ Помашите на прощание рукой.

Стих для заучивания наизусть

–Ев. от Луки 10:9–
...ИСЦЕЛЯЙТЕ НАХОДЯЩИХСЯ В НЕМ БОЛЬНЫХ, И
ГОВОРИТЕ ИМ: ПРИБЛИЗИЛОСЬ К ВАМ ЦАРСТВИЕ
БОЖИЕ.

ПРАКТИКА

ОКОНЧАНИЕ

Мой План Иисуса

9

Умножайте группы

Здоровые воспроизводящие себя церкви являются результатом того, что лидеры становятся сильнее в Боге, делятся Евангелием, делают учеников, начинают группы и обучают лидеров. Однако, большинство лидеров никогда не начинали церкви и не знают, как начать. «Умножайте группы» говорит о том, на чем мы должны концентрироваться, когда мы начинаем группы, которые вырастают в церкви. В книге Деяний Иисус повелевает нам начинать группы в четырех разных областях. Он говорит начинать группы в городе и регионе, в которых мы живем. Затем Он говорит начинать новые общины в соседнем регионе и этнической группе, отличной от места, где мы живем. Наконец, Иисус повелевает нам идти в отдаленные места и достигать каждую этническую группу в мире. Лидеры добавляют посвящение делать это к их Плану Иисуса.

Книга Деяний также описывает работу четырех групп людей, основывавших группы. Петр, пастор, помогал начать группу в доме Корнилия. Павел, непрофессионал, путешествовал по Римской империи, начиная группы. Прискилла и Акила, бизнесмены, работающие на себя, начинали группы в тех местах, куда их приводил бизнес. «Преследуемые» люди в Деяниях, главе 8, рассеялись и начинали группы там, куда они приходили. В этом уроке лидеры определят потенциальных основателей групп в своей сфере влияния и добавят их к своему Плану Иисуса. Занятие заканчивается рассуждением над предположением, что насаждение церквей требует большого банковского счета. Большинство церквей начинается в домах с расходами, не намного превосходящими стоимость одной Библии.

Хвала

Прогресс

Проблема

План

Повторение

Приветствие

Кто созидает Церковь?

Почему это так важно?

Как Иисус созидает Его Церковь?

–1 Послание к Коринфянам 11:1–Будьте подражателями мне, как я Христу.

Обучайте, как Иисус

Как обучал лидеров Иисус?

–Ев. от Луки 6:40–Ученик не бывает выше своего учителя; но, и усовершенствовавшись, будет всякий, как учитель его.

Ведите, как Иисус

Кто, по словам Иисуса, является величайшим лидером? ✋

Каковы семь качеств выдающегося лидера?

–Ев. от Иоанна 13:14,15–Итак, если Я, Господь и Учитель, умыл ноги вам, то и вы должны умывать ноги друг другу. Ибо Я дал вам пример, чтобы и вы делали то же, что Я сделал вам.

Возрастайте в силе

Какой тип личности Бог дал вам?

Какой тип личности нравится Богу больше всего?

Из какого типа личности получаются лучшие лидеры?

–Послание к Римлянам 12:4-5–Ибо, как в одном теле у нас много членов, но не у всех членов одно и то же дело, так мы, многие, составляем одно тело во Христе, а порознь один для другого члены.

Сильнее вместе

Почему в мире существует восемь типов людей?

Иисус, какой Он?

Какие три варианта есть у нас, когда возникает конфликт?

–Послание к Галатам 2:19,20–Я сораспялся Христу и уже не я живу, но живет во мне Христос.

Делитесь Евангелием

Как я могут делиться простым Евангелием?

Почему мы нуждаемся в помощи от Иисуса?

–Ев. от Иоанна 14:6–Иисус сказал ему: Я есмь путь и истина и жизнь; никто не приходит к Отцу, как только через Меня.

Делайте учеников

Какой первый шаг в Плане Иисуса?

–Ев. от Луки 10:2–...и сказал им: жатвы много, а делателей мало; итак, молите Господина жатвы, чтобы выслал делателей на жатву Свою.

Начинайте группы

Какой второй шаг в Плане Иисуса?

Какой третий шаг в Плане Иисуса?

Какой четвертый шаг в Плане Иисуса?

–Ев. от Луки 10:9–...исцеляйте находящихся в нем больных, и говорите им: приблизилось к вам Царствие Божие.

В каких четырех местах Иисус повелел верующим начинать группы?

–Деяния 1:8–

...но вы примете силу, когда сойдет на вас Дух Святый; и будете Мне свидетелями в Иерусалиме и во всей Иудее и Самарии и даже до края земли.

1. _____

2. _____

3. _____

4. _____

Какие существуют четыре способа начала группы или церкви?

1. _____

–Деяния 10:9–

На другой день, когда они шли и приближались к городу, Петр около шестого часа взошел на верх дома помолиться.

2. _____

–Деяния 13:2–
Когда они служили Господу и постились, Дух Святый сказал: отделите Мне Варнаву и Савла на дело, к которому Я призвал их.

3. _____

–1 Коринфянам 16:19–
Приветствуют вас церкви Асийские; приветствуют вас усердно в Господе Акила и Прискилла с домашнею их церковью.

4. _____

–Деяния 8:1–
Савл же одобрял убиение его. В те дни произошло великое гонение на церковь в Иерусалиме; и все, кроме Апостолов, рассеялись по разным местам Иудеи и Самарии.

Стих для заучивания наизусть

–Деяния 1:8–
...но вы примете силу, когда сойдет на вас Дух Святый; и будете Мне свидетелями в Иерусалиме и во всей Иудее и Самарии и даже до края земли.

Практика

Окончание

Сколько стоит начать новую церковь?

Мой План Иисуса

Еще один обычный вопрос

Как вы работаете с неграмотными людьми на обучающих занятиях?

10

Следуйте за Иисусом

Лидеры узнали на «Обучении радикальных лидеров», кто строит цсрковь, и почему это важно. Они овладели пятью частями стратегии Иисуса по достижению мира и потренировались наставлению друг друга. Они поняли семь качеств выдающегося лидера, создали «дерево обучения» на будущее и знают, как работать с разными типами личности. У каждого лидера есть план, основанный на плане Иисуса из Ев. от Луки, главы 10. «Следовать за Иисусом» обращается к одной оставшейся части лидерства: мотивации.

Две тысячи лет назад люди следовали за Иисусом по разным причинам. Некоторые, подобно Иакову и Иоанну, верили, что следование за Иисусом принесет им славу. Другие, подобно фарисеям, следовали за Ним, чтобы критиковать и демонстрировать свое превосходство. А третьи, подобные Иуде, следовали за Иисусом ради денег. Пятитысячная толпа хотела следовать за Иисусом потому, что Он обеспечил их едой, в которой они нуждались. Еще одна группа следовала за Иисусом, потому что они нуждались в исцелении, и только один человек вернулся сказать «спасибо». К сожалению, многие люди эгоистично следуют за Иисусом ради того, что Он может дать им. Сегодня дела обстоят так же. Как лидеры мы должны исследовать себя и задавать себе вопрос: «Почему я следую за Иисусом?»

Иисус выражал похвалу людям, которые следовали за Ним из сердца, полного любви. Экстравагантный дар благовония от презренной женщины вызвал обещание воспоминания о нем везде, где люди будут проповедовать Евангелие. Лепта вдовы коснулась сердца Иисуса больше, чем все золото храма. Иисус был разочарован, когда многообещающий молодой человек отказался любить Бога всем своим сердцем, выбрав вместо этого свои богатства. Также Иисус задал Петру всего лишь один вопрос ради его восстановления после его предательства: «Симон, любишь ли ты Меня?» Духовные лидеры любят людей и любят Бога.

Занятие заканчивается, когда каждый лидер делится своим Планом Иисуса. Лидеры молятся друг за друга, дают посвящение работать вместе и наставляют новых лидеров стремиться к Божьей любви и славе.

Хвала

Прогресс

Приветствие

Кто созидает Церковь?

Почему это так важно?

Как Иисус созидает Его Церковь?

–1 Послание к Коринфянам 11:1–Будьте подражателями мне, как я Христу.

Обучайте, как Иисус

Как обучал лидеров Иисус?

–Ев. от Луки 6:40–Ученик не бывает выше своего учителя; но, и усовершенствовавшись, будет всякий, как учитель его.

Ведите, как Иисус

Кто, по словам Иисуса, является величайшим лидером? ✋

Каковы семь качеств выдающегося лидера?

–Ев. от Иоанна 13:14,15–Итак, если Я, Господь и Учитель, умыл ноги вам, то и вы должны умывать ноги друг другу. Ибо Я дал вам пример, чтобы и вы делали то же, что Я сделал вам.

Возрастайте в силе

Какой тип личности Бог дал вам?

Какой тип личности нравится Богу больше всего?

Из какого типа личности получаются лучшие лидеры?

–Послание к Римлянам 12:4-5–Ибо, как в одном теле у нас много членов, но не у всех членов одно и то же дело, так мы, многие, составляем одно тело во Христе, а порознь один для другого члены.

Сильнее вместе

Почему в мире существует восемь типов людей?

Иисус, какой Он?

Какие три варианта есть у нас, когда возникает конфликт?

—Послание к Галатам 2:19,20—Я сораспялся Христу и уже не я живу, но живет во мне Христос.

Делитесь Евангелием

Как я могут делиться простым Евангелием?

Почему мы нуждаемся в помощи от Иисуса?

—Ев. от Иоанна 14:6—Иисус сказал ему: Я есмь путь и истина и жизнь; никто не приходит к Отцу, как только через Меня.

Делайте учеников

Какой первый шаг в Плане Иисуса?

—Ев. от Луки 10:2—...и сказал им: жатвы много, а делателей мало; итак, молите Господина жатвы, чтобы выслал делателей на жатву Свою.

Начинайте группы

Какой второй шаг в Плане Иисуса?

Какой третий шаг в Плане Иисуса?

Какой четвертый шаг в Плане Иисуса?

—Ев. от Луки 10:9—...исцеляйте находящихся в нем больных, и говорите им: приблизилось к вам Царствие Божие.

Начинайте церкви

В каких четырех местах Иисус повелел верующим начинать церкви?

Какие существуют четыре способа начала церкви?

Сколько стоит начать новую церковь?

–Деяния 1:8–…но вы примете силу, когда сойдет на вас Дух Святый; и будете Мне свидетелями в Иерусалиме и во всей Иудее и Самарии и даже до края земли.

План

Почему вы следуете за Иисусом?

1. _____

–Ев. от Марка 10:35-37–

[Тогда] подошли к Нему сыновья Зеведеевы Иаков и Иолнн и сказали: Учитель! мы желаем, чтобы Ты сделал нам, о чем попросим. Он сказал им: что хотите, чтобы Я сделал вам? Они сказали Ему: дай нам сесть у Тебя, одному по правую сторону, а другому по левую в славе Твоей.

2. _____

–Ев. от Луки 11:53, 54–

Когда Он говорил им это, книжники и фарисеи начали сильно приступать к Нему, вынуждая у Него ответы на многое, подыскиваясь под Него и стараясь уловить что-нибудь из уст Его, чтобы обвинить Его.

3. _____

–Ев. от Иоанна 12:4-6–
Тогда один из учеников Его, Иуда Симонов Искариот, который хотел предать Его, сказал: Для чего бы не продать это миро за триста динариев и не раздать нищим? Сказал же он это не потому, чтобы заботился о нищих, но потому что был вор. Он имел [при себе денежный] ящик и носил, что туда опускали.

4. _____

–Ев. от Иоанна 6:11-15–
Иисус, взяв хлебы и воздав благодарение, роздал ученикам, а ученики возлежавшим, также и рыбы, сколько кто хотел. И когда насытились, то сказал ученикам Своим: соберите оставшиеся куски, чтобы ничего не пропало. И собрали, и наполнили двенадцать коробов кусками от пяти ячменных хлебов, оставшимися у тех, которые ели. Тогда люди, видевшие чудо, сотворенное Иисусом, сказали: это истинно Тот Пророк, Которому должно придти в мир. Иисус же, узнав, что хотят придти, нечаянно взять его и сделать царем, опять удалился на гору один.

5. _____

–Ев. от Луки 17:12-14–
И когда входил Он в одно селение, встретили Его десять человек прокаженных, которые

ОСТАНОВИЛИСЬ ВДАЛИ И ГРОМКИМ ГОЛОСОМ
ГОВОРИЛИ: ИИСУС НАСТАВНИК! ПОМИЛУЙ НАС.
УВИДЕВ [ИХ], ОН СКАЗАЛ ИМ: ПОЙДИТЕ, ПОКАЖИТЕСЬ
СВЯЩЕННИКАМ. И КОГДА ОНИ ШЛИ, ОЧИСТИЛИСЬ.

*Вы помните отверженную женщину-грешницу,
которая излила на Иисуса дорогие благовония?»*

–Ев. от Матфея 26:13–

...ИСТИННО ГОВОРЮ ВАМ: ГДЕ НИ БУДЕТ
ПРОПОВЕДАНО ЕВАНГЕЛИЕ СИЕ В ЦЕЛОМ МИРЕ,
СКАЗАНО БУДЕТ В ПАМЯТЬ ЕЕ И О ТОМ, ЧТО ОНА
СДЕЛАЛА.

*«Вы помните бедную вдову? Ее приношение
затронуло сердце Иисуса больше, чем все богатства
храма».*

–Ев. от Луки 21:3–

...И СКАЗАЛ: ИСТИННО ГОВОРЮ ВАМ, ЧТО ЭТА
БЕДНАЯ ВДОВА БОЛЬШЕ ВСЕХ ПОЛОЖИЛА...

*«Вы помните единственный вопрос, который Иисус
задал Петру после того, как тот предал Его?»*

–Ев. от Иоанна 21:17–

ГОВОРИТ ЕМУ В ТРЕТИЙ РАЗ: СИМОН ИОНИН!
ЛЮБИШЬ ЛИ ТЫ МЕНЯ? ПЕТР ОПЕЧАЛИЛСЯ, ЧТО
В ТРЕТИЙ РАЗ СПРОСИЛ ЕГО: ЛЮБИШЬ ЛИ МЕНЯ?
И СКАЗАЛ ЕМУ: ГОСПОДИ! ТЫ ВСЕ ЗНАЕШЬ; ТЫ
ЗНАЕШЬ, ЧТО Я ЛЮБЛЮ ТЕБЯ. ИИСУС ГОВОРИТ ЕМУ:
ПАСИ ОВЕЦ МОИХ.

ПРЕЗЕНТАЦИИ ПЛАНА ИИСУСА

Обучая Лидеров

«Обучение радикальных лидеров» строится на первом курсе *«Делая радикальных учеников»* и помогает тем, кто начал группы ученичества, возрастать в качестве лидеров и умножать больше групп.

Результаты Обучения

По завершению обучающего семинара учащиеся могут:

- Преподавать другим лидерам 10 базовых уроков лидерства.
- Обучать других лидеров использованию процесса воспроизводства, смоделированного Иисусом.
- Выявлять различные типы личности и помогать людям работать вместе в команде.
- Развивать стратегический план по работе с духовно погибающими в своей местности и умножать новые группы.
- Понимать, как вести движение по насаждению церквей.

Процесс Обучения

Каждое занятие по обучению лидеров имеет одинаковый формат, основанный на том, как Иисус обучал учеников как лидеров. План урока сопровождается указанием примерного количества необходимого времени.

ХВАЛА

- Спойте вместе две песни или гимна (или больше, если позволяет время).

  10 минут

ПРОГРЕСС

- Лидер рассказывает о прогрессе в его служении, происшедшим с прошлой встречи. Группа молится за лидера и его служение.

  10 минут

ПРОБЛЕМА

- Преподаватель говорит об обычной проблеме в лидерстве, описывая ее с помощью истории или иллюстрации из личного опыта.

  5 минут

ПЛАН

- Преподаватель проводит для лидеров просто урок лидерства, обеспечивающий понимание и инструменты для решения проблемы в лидерстве.

  20 минут

ПРАКТИКА

- Лидеры разбиваются на группы по четыре человека для тренировки данного метода лидерства посредством обсуждения урока, который они только что прослушали, что включает:

  o прогресс, совершенный в этой сфере лидерства;
  o проблемы, с которыми столкнулись в этой сфере лидерства;
  o планы по улучшению на следующие 30 дней на основании данного урока лидерства;
  o навык, который они будут практиковать на протяжении следующих 30 дней на основании данного урока лидерства.

- Лидеры встают и повторяют вместе стих для запоминания наизусть 10 раз: 6 раз читают его из Библии и 4 раза произносят его наизусть.

  30 минут

МОЛИТВА

- Группы из четырех человек делятся проблемами для молитвы и молятся друг за друга.

  10 минут

ОКОНЧАНИЕ

- Большинство занятий заканчиваются обучающей практикой, которая помогает лидерам применить урок лидерства в своем контексте.

  15 минут

Принципы Обучения

Помощь другим лидерам в развитии – увлекательное и ответственное занятие. Вопреки распространенному мнению лидерами становятся, а не рождаются. Чтобы появилось больше лидеров, развитие лидерства должно быть преднамеренным и систематичным. Некоторые люди ошибочно верят, что лидеры становятся лидерами благодаря их типу личности. Однако если взглянуть на пасторов успешных мега-церквей в Америке, то мы увидим пасторов со многими различными типами личности. Когда мы следуем за Иисусом, мы следуем за величайшим лидером всех времен и сами развиваемся как лидеры.

Формирующимся лидерам нужен сбалансированный подход к развитию лидерства. Сбалансированный подход включает в себя работу над знаниями, характером, навыками и мотивацией. Для того, чтобы быть эффективным лидером, человеку нужны все четыре ингредиента. Без знаний, неправильные предположения и неправильное понимание уводит лидера в неправильном направлении. Без характера, лидер будет совершать моральные и духовные ошибки, которые будут препятствовать миссии. Без необходимых навыков, лидер будет постоянно заново изобретать велосипед или использовать устаревшие методы. Наконец, лидер, обладающий знаниями, характером и навыками, но без мотивации, заботится только о статус-кво и сохраняет свое положение.

Лидеры должны освоить важные инструменты, необходимы для выполнения работы. После проведения значительного времени в молитве, каждому лидеру нужно мотивирующее видение. Видение отвечает на вопрос «Что должно произойти дальше?» Лидеры должны знать предназначение того, что они делают. Предназначение отвечает на вопрос «Почему это важно?» Знание ответа на этот вопрос провело многих лидеров через трудные времена. Затем, лидеры должны знать свою миссию. Бог собирает людей в общину, чтобы они исполняли Его волю. Миссия отвечает на вопрос «Кто должен участвовать в этом?» Наконец, у хороших лидеров есть четкие, краткие цели, к которым они могут стремиться. Обычно лидер передает видение, предназначение и миссию через 4-5 целей. Цели отвечают на вопрос «Как мы сделаем это?»

Мы обнаружили, насколько трудно подобрать растущих лидеров для одной группы! Бог всегда удивляет вас тем, кого Он выбирает! Наиболее продуктивный подход – обращаться с каждым человеком, как будто он уже является лидером. Этот человек может вести себя самого, но это все равно лидерство. Люди становятся более хорошими лидерами в прямой пропорции с нашими ожиданиями (верой). Когда мы обращаемся с людьми как с последователями, они становятся последователями. Когда мы обращаемся с людьми как с лидерами, они становятся лидерами. Иисус избирал людей из всех слоев общества, чтобы показать, что хорошее лидерство зависит от пребывания с Ним, а не от внешних признаков, которых часто ищут люди. Почему у нас нехватка лидеров? Потому что нынешние лидеры отказываются дать новым людям возможность вести других.

Немногие факторы останавливают Божье движение быстрее, чем нехватка благочестивых лидеров. К сожалению, мы столкнулись с вакуумом лидерства в большинстве мест, где мы обучали людей (включая и Америку). Благочестивые лидеры – ключ к шалому – миру, благословению и праведности – в обществе. Одну известную цитату Альберта Эйнштейна можно перефразировать следующим образом: «Мы не можем решить нынешние проблемы с нынешним уровнем лидерства». Бог использует обучающую серию «Следуя за Иисусом», чтобы снаряжать и мотивировать многих новых лидеров. Мы молимся, чтобы то же произошло с вами. Пусть наивеличайший Лидер всех времен наполнит ваши сердце и разум всеми духовными благословениями, сделает вас сильным и увеличит ваше влияние – настоящий тест на лидерство!

Дополнительный Материал

Мы считаем, что нижеприведенные авторы помогут больше всего в обучении радикальных лидеров. Первая книга, которую следует перевести, находясь в миссионерском труде, – это Библия. Затем мы рекомендуем перевести следующие семь книг в качестве основания для эффективного развития лидерства.

Blanchard, Ken and Hodges, Phil. *Lead like Jesus: Lessons from the Greatest Role Model of all Time*. Thomas Nelson, 2006. (Бланшар К., Ходжес Ф. Руководи, как Иисус. Брайт Букс).

Clinton, J. Robert. *The Making of a Leader*. NavPress Publishing Group, 1988. (Клинтон Р. Становление лидера. М. : Центр «Нарния», 2004).

Coleman, Robert E. *The Masterplan of Evangelism*. Fleming H. Revell, 1970. (Колман Р. Генеральный план евангелизма. Флеминг Ревель, 1964).

Hettinga, Jan D. *Follow Me: Experiencing the Loving Leadership of Jesus*. Navpress, 1996.

Maxwell, John C. *Developing the Leader Within You.* Thomas Nelson Publishers, 1993.(Максвелл Дж. Воспитай в себе лидера. Поппури, 2007).

Ogne, Steven L. and Nebel, Thomas P. *Empowering Leaders through Coaching.* Churchsmart Resources, 1995.

Sanders, J. Oswald. *Spiritual Leadership: Principles of Excellence for Every Believer.* Moody Publishers, 2007. (Сандерс Дж.О. Духовное руководство. Основы успеха каждого христианина. Мирт, 2005).

www.ingramcontent.com/pod-product-compliance
Lightning Source LLC
Chambersburg PA
CBHW060659030426
42337CB00017B/2698